פָּרָשַׁת נֹחַ

Noach
Student Workbook-English

MaToK: The Bible Curriculum for Jewish Day Schools
A joint project of

Schechter Day School Network — Engage the World

JTS / William Davidson Graduate School of Jewish Education

Current Directors

Dr. Jon Mitzmacher, *Executive Director*
Schechter Day School Network
Dr. Zachary Lasker, *Director*
Melton & Davidson Education Projects
William Davidson Graduate School
of Jewish Education The Jewish Theological Seminary
Galya Pinsky Greenberg, *MaToK Project Director and Editor*

Past Directors (1998–2014)
Dr. Elaine R. S. Cohen, *Director*
Schechter Day School Network
Dr. Robert Abramson, *Director*
Department of Education, United Synagogue of Conservative Judaism
Dr. Steven M. Brown, *Director*
Dr. Barry Holtz, *Director*
Melton Research Center for Jewish Education
The JewishTheological Seminary
Dr. Deborah Uchill Miller, *Project Director and Editor*

Original MaToK Curriculum Writers:

Head Writer: Marcia Lapidus Kaunfer

Gila Azrad	Charlotte Abramson
Mimi Brandwein	Rabbi Greta Brown
Rebecca Friedman	Heather Fiedler
Rabbi Pamela Gottfried	Orly Gonen
Sally Hendelman	Penina Grossberg
Rabbi Elana Kanter	Rabbi Brad Horwitz
Dr. Deborah Uchill Miller	Naamit Kurshan
Ami Sabari	Ellen Rank
	Rabbi Jon Spira-Savett

Miriam Taub

This English edition of Noach was created by Galya Greenberg and was translated from the original MaToK Hebrew booklet. Graphics were purchased and downloaded from http://www.bigstockphoto.com/ and from Davka Graphics. They are royalty free stock images.

CONTENTS

Before studying Torah we recite the following בְּרָכָה :

בָּרוּךְ אַתָּה יְיָ אֱלֹהֵינוּ מֶלֶךְ הָעוֹלָם,
אֲשֶׁר קִדְּשָׁנוּ בְּמִצְוֹתָיו,
וְצִוָּנוּ לַעֲסוֹק בְּדִבְרֵי תוֹרָה.

בְּרֵאשִׁית ו': ה'–ח
The Evil of Humans

ה וַיַּרְא ה'
כִּי רַבָּה[1] רָעַת הָאָדָם בָּאָרֶץ[2]
וְכָל־יֵצֶר מַחְשְׁבֹת לִבּוֹ[3]
רַק רַע כָּל־הַיּוֹם:

ו וַיִּנָּחֶם[4] ה'
כִּי־עָשָׂה אֶת־הָאָדָם בָּאָרֶץ
וַיִּתְעַצֵּב אֶל־לִבּוֹ[5]:

ז וַיֹּאמֶר ה'
"אֶמְחֶה[6] אֶת־הָאָדָם אֲשֶׁר־בָּרָאתִי
מֵעַל פְּנֵי הָאֲדָמָה[7]
מֵאָדָם עַד־בְּהֵמָה
עַד־רֶמֶשׂ וְעַד־עוֹף הַשָּׁמָיִם
כִּי נִחַמְתִּי[8] כִּי עֲשִׂיתִם[9]":

ח וְנֹחַ מָצָא חֵן בְּעֵינֵי[10] ה':

---

[1] רַבָּה - A great amount, a lot
[2] רָעַת הָאָדָם - The bad things done by people

[3] וְכָל־יֵצֶר מַחְשְׁבֹת לִבּוֹ -
Every plan formed by his mind-

[4] וַיִּנָּחֶם -
he was sorry/regretted (what he had done)

[5] וַיִּתְעַצֵּב אֶל־לִבּוֹ - Was sad in his heart

[6] אֶמְחֶה - I will wipe out

[7] מֵעַל פְּנֵי הָאֲדָמָה - from the whole world
(literally: from the face of the earth)

[8] נִחַמְתִּי - I am sorry/I regret

[9] עֲשִׂיתִם -(אני עשיתי אותם)- I made them-

[10] מָצָא חֵן בְּעֵינֵי ה' - God liked him
(literally: found favor in the eyes of God)

לִקְרֹא... לִמְצֹא... לְהַשְׁלִים...Reading, finding, completing

1. What sound repeats in פָּסוּק ה'? _____

2. Draw a circle around the sounds and words that repeat in פְּסוּקִים ו'-ח'.

נֹחַ (חֵן)   עָשָׂה   אָדָם   עַד   מָצָא   לֵב

3. Why do you think that these sounds repeat?

_____

_____

בְּרֵאשִׁית ו': ה'   וַיַּרְא   ה'   כִּי   רַבָּה רָעַת הָאָדָם בָּאָרֶץ

בְּרֵאשִׁית א': כ"א   וַיַּרְא   אֱ-לֹהִים   כִּי   טוֹב

Look at the two פְּסוּקִים above for numbers 4-7.

4. Highlight in צָהוֹב the word וַיַּרְא.

5. Draw a circle around the words ה'   and   אֱ-לֹהִים .

6. Highlight in כָחוֹל the word כִּי.

7. What is the word that tells what God thought about what God sees?

   The word is_____.

Thinking and Understanding... לַחְשֹׁב... לְהָבִין

Let us review the last three פְּסוּקִים, and then consider the questions on the next page:

ו' וַיִּנָּחֶם[1] ה'
כִּי־עָשָׂה אֶת־הָאָדָם בָּאָרֶץ
וַיִּתְעַצֵּב אֶל־לִבּוֹ[2]:

ז' וַיֹּאמֶר ה'
"אֶמְחֶה[3] אֶת־הָאָדָם אֲשֶׁר־בָּרָאתִי
מֵעַל פְּנֵי הָאֲדָמָה[4]
מֵאָדָם עַד־בְּהֵמָה
עַד־רֶמֶשׂ וְעַד־עוֹף הַשָּׁמָיִם
כִּי נִחַמְתִּי[5] כִּי עֲשִׂיתִם[6]":

ח' וְנֹחַ מָצָא חֵן בְּעֵינֵי[7] ה':

[1] וַיִּנָּחֶם- he was sorry/regretted (what he had done)

[2] וַיִּתְעַצֵּב אֶל־לִבּוֹ- Was sad in his heart

[3] אֶמְחֶה- I will wipe out

[4] מֵעַל פְּנֵי הָאֲדָמָה- from the whole world (literally: from the face of the earth)

[5] נִחַמְתִּי- I am sorry/I regret

[6] עֲשִׂיתִם-(אני עשיתי אותם) I made them-

[7] מָצָא חֵן בְּעֵינֵי ה'- God liked him (literally: found favor in the eyes of God)

בְּרֵאשִׁית ו׳ : ו

1. Answer the questions by **using quotes from the text**:

   a. Is God happy or sad? ______________________________

   b. Why is God sorry/regretful? ______________________________

2. Why do you think God feels that way?

____

____

____

3. What kind of expression would you have on **your** face, if you felt the same way that God is feeling in these פסוקים? Draw what your face might look like if you felt the same way:

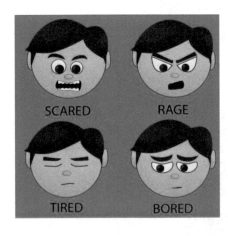

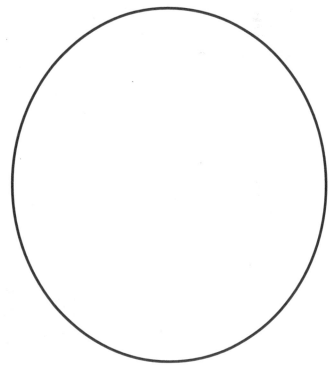

DISSCUSSION: (in small groups)
We are going to compare when God "creates" and when God "destroys". But before that, let's think about creating and destroying.

1. What are other words that mean the same thing as the word "create"?

   _____

2. What are other words that mean the same thing as the word "destroy"?

   _____

3. Have you ever created something? ___yes   ___no
   What was it? _____
   Why did you want to create it?_____
   How did you feel when you were done creating? _____

   _____

4. Have you ever destroyed something? ___yes   ___no
   What was it? _____
   Why did you want to destroy it? _____

   _____

   How did you feel when you were done destroying?_____

   _____

פרשת נח

A. From פָּרָשַׁת נֹחַ—Destroying:

בְּרֵאשִׁית ו׳ : ז׳

וַיֹּאמֶר ה׳

"אֶמְחֶה[1] אֶת־הָאָדָם אֲשֶׁר־בָּרָאתִי

מֵעַל פְּנֵי הָאֲדָמָה[2]

מֵאָדָם עַד־בְּהֵמָה

עַד־רֶמֶשׂ[3] וְעַד־עוֹף הַשָּׁמָיִם

כִּי נִחַמְתִּי[4] כִּי עֲשִׂיתִם[5]":

I will wipe out- אֶמְחֶה[1]

מֵעַל פְּנֵי הָאֲדָמָה[2]- from the whole world (literally: from the face of the earth)

things that creep and crawl- רֶמֶשׂ[3]

I am sorry/I regret -נִחַמְתִּי[4]

I made them- עֲשִׂיתִם[5]

1. If there is תִי ,תִּי or תִ in the word, highlight the entire word in כָּחוֹל.
2. Highlight in צָהוֹב all of the things that God will destroy.
3. Draw a circle around the word that is found three times.
4. Complete the chart:

In English it means:	Who is doing the action?	Root שרש	Written in the text:
	God=אני		בָּרָאתִי
		נ.ח.מ.	נִחַמְתִּי
I made them	God=אני	ע.ש.ה.	עֲשִׂיתִם=אֲנִי עָשִׂיתִי אוֹתָם

B. From פָּרָשַׁת בְּרֵאשִׁית—Creating:

בְּרֵאשִׁית א' : כ"ו

וַיֹּאמֶר אֱ-לֹהִים

"נַעֲשֶׂה אָדָם[1] בְּצַלְמֵנוּ כִּדְמוּתֵנוּ[2]

וְיִרְדּוּ[3] בִּדְגַת הַיָּם[4]

וּבְעוֹף הַשָּׁמַיִם[5]

וּבַבְּהֵמָה[6] וּבְכָל־הָאָרֶץ

וּבְכָל־הָרֶמֶשׂ הָרֹמֵשׂ[7] עַל־הָאָרֶץ":

אָדָם[1]- humanity
בְּצַלְמֵנוּ כִּדְמוּתֵנוּ[2]- similar to God
יִרְדּוּ[3] -will rule
דְּגַת הַיָּם[4]-fish of the sea
עוֹף הַשָּׁמַיִם[5]- fowl/birds of the skies
בְּהֵמָה[6] -wild animals
הָרֶמֶשׂ הָרֹמֵשׂ[7]
the crawling things that crawl

1. Highlight the word אָדָם in צָהוֹב.

2. Highlight the words עוֹף הַשָּׁמַיִם in כָּחוֹל.

3. Draw a rectangle around the word רֶמֶשׂ.

4. Draw a line beneath the word בְּהֵמָה.

Discussion

Now that you have compared the two פְּסוּקִים, what do you think is going on in this part of the נֹחַ story? Do you think there a message? What can we learn about God? What can we learn about ourselves?

Thinking and Understanding... לַחְשֹׁב... לְהָבִין

5. If you could interview God, what questions would you have after comparing the פָּסוּק from בְּרֵאשִׁית and the פָּסוּק from נֹחַ? How do you think God might answer?

I would ask:

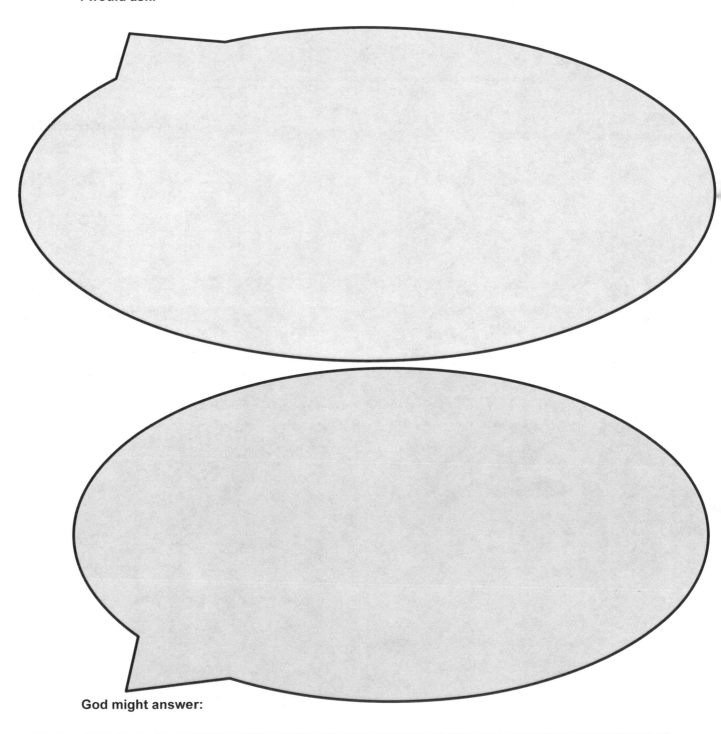

God might answer:

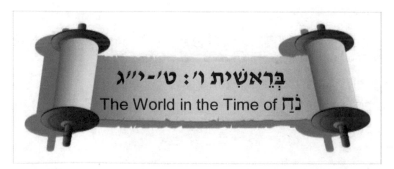

בְּרֵאשִׁית ו׳: ט׳-י״ג
The World in the Time of נֹחַ

ט' אֵלֶּה תּוֹלְדֹת נֹחַ
נֹחַ אִישׁ צַדִּיק תָּמִים[1] הָיָה בְּדֹרֹתָיו[2]
אֶת[3] ־הָאֱ-לֹהִים הִתְהַלֶּךְ[4] ־נֹחַ:

י' וַיּוֹלֶד[5] נֹחַ שְׁלֹשָׁה בָנִים
אֶת־שֵׁם אֶת־חָם וְאֶת־יָפֶת:

י"א וַתִּשָּׁחֵת[6] הָאָרֶץ לִפְנֵי הָאֱ-לֹהִים
וַתִּמָּלֵא הָאָרֶץ חָמָס[7]:

י"ב וַיַּרְא אֱ-לֹהִים אֶת־הָאָרֶץ
וְהִנֵּה נִשְׁחָתָה[8]
כִּי־הִשְׁחִית[9] כָּל־בָּשָׂר
אֶת־דַּרְכּוֹ עַל־הָאָרֶץ:

י"ג וַיֹּאמֶר אֱ-לֹהִים לְנֹחַ
"קֵץ[10] כָּל־בָּשָׂר בָּא לְפָנַי
כִּי־מָלְאָה הָאָרֶץ חָמָס מִפְּנֵיהֶם
וְהִנְנִי מַשְׁחִיתָם[11] אֶת־הָאָרֶץ":

[1] תָּמִים - honest, someone who cannot be blamed
[2] בְּדֹרֹתָיו — in his generation
[3] אֶת — עִם with
[4] הִתְהַלֶּךְ - (ה.ל.כ.) הָלַךְ walked
[5] וַיּוֹלֶד were born to him/he had children
[6] וַתִּשָּׁחֵת- (שׁ.ח.ת.) -הָיְתָה רָעָה מְאֹד had gone to ruin
[7] חָמָס - מַעֲשִׂים רָעִים bad/evil actions
[8] נִשְׁחָתָה - (שׁ.ח.ת.) - הָיְתָה רָעָה מְאֹד had gone to ruin -
[9] הִשְׁחִית - (שׁ.ח.ת.) - had ruined
[10] קֵץ - סוֹף end
[11] מַשְׁחִיתָם - (שׁ.ח.ת.) bring ruin on them

Reading, finding, completing...לִקְרֹא... לִמְצֹא... לְהַשְׁלִים

Read בְּרֵאשִׁית ו׳ : ט׳-י״ג on page 13.

1. Highlight in כָּחוֹל the word that appears six times.
2. Highlight in צָהוֹב the words that appear two times.
3. Draw a rectangle around all of the words from the שֹׁרֶשׁ (*shoresh*-3 letter root)

   ש.ח.ת.

4. Draw a circle around all of the words from the שֹׁרֶשׁ (*shoresh*-3 letter root)

   מ.ל.א.

5. Fill in the blanks with the words from the sack of treasure.

צַדִּיק
שְׁלֹשָׁה
קֵץ
הָאָרֶץ

1. וַיּוֹלֶד נֹחַ _________ בָנִים
2. וַתִּמָּלֵא _________ חָמָס
3. נֹחַ אִישׁ _________תָּמִים
4. _______כָּל־בָּשָׂר בָּא לְפָנַי

Thinking and Understanding... לַחְשֹׁב... לְהָבִין

DISCUSSION: What do you think it means to be a צַדִּיק —a righteous person? What are some of the characteristics of a צַדִּיק?

ACTIVITY: Create a " צַדִּיק Award". You can draw it in the space below, or make a certificate or badge out of your choice of materials. What does a person have to be like in order to receive this award? How should he/she behave? Is there anyone you can nominate for the award?

פרשת נֹחַ

Reading, finding, completing...לִקְרֹא... לִמְצֹא... לְהַשְׁלִים

בְּרֵאשִׁית ו׳ : ט׳-י׳

ט׳ אֵלֶּה תּוֹלְדֹת נֹחַ
נֹחַ אִישׁ צַדִּיק תָּמִים[1] הָיָה בְּדֹרֹתָיו[2]
אֶת[3]־הָאֱ-לֹהִים הִתְהַלֶּךְ[4]־נֹחַ:

י׳ וַיּוֹלֶד[5] נֹחַ שְׁלֹשָׁה בָנִים
אֶת־שֵׁם אֶת־חָם וְאֶת־יָפֶת:

generations of- תּוֹלְדֹת[1]
honest, תָּמִים[2]
someone who cannot be blamed-
in his generation- בְּדֹרֹתָיו[3]
with- אֶת[4]
walked - הִתְהַלֶּךְ[5]

1. Fill in the blanks with the missing words:

   נֹחַ אִישׁ __________ __________ הָיָה בְּדֹרֹתָיו

2. כֵּן or לֹא?
   a. נֹחַ walks with God. ______
   b. In the generation of נֹחַ all of the people were good. ______
   c. נֹחַ has three children. ______
3. In your opinion, what does it mean that "נֹחַ walks with God"? ________________
   ____
   ____

On the next page:

4. Find נֹחַ in the "world".
5. Draw a circle around the name נֹחַ.
6. Choose a color for חָמָס (evil deeds) and use it to cover every time the word חָמָס appears. (Don't color נֹחַ!)

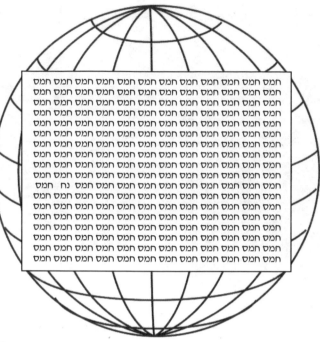

In your opinion, how might the two pictures on this page explain an idea that is like an idea in the story of נֹחַ? Which picture do you think is better in showing the idea?

_____

_____

_____

_____

_____

בְּרֵאשִׁית ח': כ'-כ"ב

כ' וַיִּבֶן[1] נֹחַ מִזְבֵּחַ[2] לַה'
וַיִּקַּח מִכֹּל הַבְּהֵמָה הַטְּהֹרָה[3]
וּמִכֹּל הָעוֹף הַטָּהוֹר
וַיַּעַל עֹלֹת[4] בַּמִּזְבֵּחַ:

כ"א וַיָּרַח ה' אֶת־רֵיחַ הַנִּיחֹחַ[5]
וַיֹּאמֶר ה' אֶל־לִבּוֹ
"לֹא אֹסִף לְקַלֵּל[6] עוֹד[7]
אֶת־הָאֲדָמָה
בַּעֲבוּר[8] הָאָדָם
כִּי יֵצֶר לֵב הָאָדָם[9] רַע מִנְּעֻרָיו[10]
וְלֹא־אֹסִף עוֹד
לְהַכּוֹת אֶת־כָּל־חַי
כַּאֲשֶׁר עָשִׂיתִי:

כ"ב עֹד כָּל־יְמֵי הָאָרֶץ
זֶרַע וְקָצִיר[11]
וְקֹר וָחֹם
וְקַיִץ וָחֹרֶף
וְיוֹם וָלַיְלָה
לֹא יִשְׁבֹּתוּ[12]":

[1] וַיִּבֶן -He built

[2] מִזְבֵּחַ - Altar (a place to present offerings to God)

[3] טְהֹרָה - "pure" (in the sense that it may be used for offerings to God)

[4] וַיַּעַל עֹלֹת (ע.ל.ה.) - He offered up offerings (to God)

[5] וַיָּרַח ה' אֶת־רֵיחַ הַנִּיחֹחַ - God inhaled the sweet aroma

[6] לְקַלֵּל -To curse

[7] לֹא אֹסִף...עוֹד–I will not do this again

[8] בַּעֲבוּר - Because of

[9] יֵצֶר לֵב הָאָדָם - What the heart of a human being creates

[10] מִנְּעֻרָיו - From his youth

[11] זֶרַע וְקָצִיר -Seedtime and harvest

[12] לֹא יִשְׁבֹּתוּ (ש.ב.ת.) - Will not stop/ cease

*When you have completed studying this section of Torah,
think of a good name for it and write it at the top of the page.

פָּרָשַׁת נֹחַ

Reading, finding, completing...לִקְרֹא... לִמְצֹא... לְהַשְׁלִים

בְּרֵאשִׁית ו׳:ה׳

וְכָל־יֵצֶר מַחְשְׁבֹת לִבּוֹ רַק רַע כָּל־הַיּוֹם

בְּרֵאשִׁית ח׳:כ״א

כִּי יֵצֶר לֵב הָאָדָם רַע מִנְּעֻרָיו

1. Draw a line under all of the words that appear in *both* פְּסוּקִים.

2. List the words that you have underlined and explain what you think they mean.

__________ ______________________________________

__________ ______________________________________

3.

Do you agree with the idea that is in these two פְּסוּקִים? Why or why not? Give examples from the world around you to support what you think.

____

____

____

____

____

4. Find a classmate who has an opinion that is different from yours. Can either of you convince the other to change his/her position?

בְּרֵאשִׁית ט׳: א׳-ג׳
God Gives a Blessing

א׳ וַיְבָרֶךְ אֱ-לֹהִים
אֶת־נֹחַ וְאֶת־בָּנָיו
וַיֹּאמֶר לָהֶם
"פְּרוּ וּרְבוּ[1] וּמִלְאוּ[2] אֶת־הָאָרֶץ":

ב׳ וּמוֹרַאֲכֶם[3] וְחִתְּכֶם[4]
יִהְיֶה עַל כָּל־חַיַּת הָאָרֶץ
וְעַל כָּל־עוֹף הַשָּׁמָיִם
בְּכֹל אֲשֶׁר תִּרְמֹשׂ[5] הָאֲדָמָה
וּבְכָל־דְּגֵי הַיָּם בְּיֶדְכֶם[6] נִתָּנוּ[7]:

ג׳ כָּל־רֶמֶשׂ אֲשֶׁר הוּא־חַי
לָכֶם יִהְיֶה לְאָכְלָה
כְּיֶרֶק עֵשֶׂב[8] נָתַתִּי לָכֶם אֶת־כֹּל:

[1] פְּרוּ וּרְבוּ have many children!
[2] מִלְאוּ fill it!
[3] וּמוֹרַאֲכֶם (י.ר.א.)- the fear of you
[4] וְחִתְּכֶם- the dread of you
[5] תִּרְמֹשׂ- creeps
[6] בְּיֶדְכֶם- in your hand
[7] נִתָּנוּ (נ.ת.ן.)- are given
[8] עֵשֶׂב- grass

On the next two pages, we will compare בְּרֵאשִׁית ט׳: א׳-ג׳ (from the Noach story) with בְּרֵאשִׁית א׳: כ״ח (from the creation story).

פרשת נח

Draw a line between the words from **בראשית ט':א-ג** and the similar words from **בראשית א:כ"ט**

ט':א' וַיְבָרֶךְ אֱ-לֹהִים אֶת־נֹחַ וְאֶת־בָּנָיו
וַיֹּאמֶר לָהֶם,
"פְּרוּ וּרְבוּ וּמִלְאוּ אֶת־הָאָרֶץ":

א':כ"ח
וַיְבָרֶךְ אֹתָם אֱ-לֹהִים
וַיֹּאמֶר לָהֶם אֱ-לֹהִים
"פְּרוּ וּרְבוּ וּמִלְאוּ
אֶת הָאָרֶץ"

ט':ב' וּמוֹרַאֲכֶם וְחִתְּכֶם יִהְיֶה

א':כ"ח
וְכִבְשֻׁהָ וּרְדוּ

ט':ב' וְעַל כָּל־ עוֹף הַשָּׁמָיִם
בְּכֹל אֲשֶׁר תִּרְמֹשׂ הָאֲדָמָה
וּבְכָל־ דְּגֵי הַיָּם

א':כ"ח
בִּדְגַת הַיָּם
וּבְעוֹף הַשָּׁמַיִם
וּבְכָל־חַיָּה הָרֹמֶשֶׂת עַל־הָאָרֶץ

ט':ב' בְּיֶדְכֶם נִתָּנוּ

פָּרָשַׁת נֹחַ

Draw a line
between the words from | בראשית ט':א-ג | and the similar words from | בראשית א:כ"ט |

ט':א' וַיֹּאמֶר לָהֶם

א':כ"ט וַיֹּאמֶר אֱ-לֹהִים

ט':ג' לָכֶם יִהְיֶה לְאָכְלָה

א':כ"ט הִנֵּה נָתַתִּי לָכֶם

ט':ג' כְּיֶרֶק עֵשֶׂב

א':כ"ט אֶת־כָּל־עֵשֶׂב זֹרֵעַ זֶרַע
אֲשֶׁר עַל־פְּנֵי כָל־הָאָרֶץ
וְאֶת־כָּל־הָעֵץ
אֲשֶׁר־בּוֹ פְרִי־עֵץ זֹרֵעַ זָרַע

ט':ג' נָתַתִּי לָכֶם

ט':ג' אֶת־כֹּל

א':כ"ט לָכֶם יִהְיֶה לְאָכְלָה

Imagine that Adam and Eve אָדָם וְחַוָּה have a restaurant.
Write a menu תַּפְרִיט that includes foods that are served in this restaurant.

WELCOME
GARDEN OF EDEN CAFÉ
בְּרוּכִים הַבָּאִים
בֵּית קָפֶה גַּן עֵדֶן
MENU תַּפְרִיט

פרשת נח

Imagine that Noah and his sons נֹחַ וּבָנָיו have a restaurant.
Write a menu תַּפְרִיט that includes foods that are served in this restaurant.

WELCOME
RAINBOW RESTAURANT
בְּרוּכִים הַבָּאִים
מִסְעָדָה קֶשֶׁת
MENU תַּפְרִיט

בְּרֵאשִׁית ט׳ : י״ב-י״ז

The Sign of the בְּרִית

י"ב וַיֹּאמֶר אֱ-לֹהִים
"זֹאת אוֹת¹ ־הַבְּרִית²
אֲשֶׁר־אֲנִי נֹתֵן בֵּינִי וּבֵינֵיכֶם*
וּבֵין כָּל־נֶפֶשׁ חַיָּה
אֲשֶׁר אִתְּכֶם³ לְדֹרֹת עוֹלָם⁴:

י"ג אֶת־קַשְׁתִּי⁵ נָתַתִּי בֶּעָנָן⁶
וְהָיְתָה לְאוֹת בְּרִית בֵּינִי וּבֵין* הָאָרֶץ:

י"ד וְהָיָה בְּעַנְנִי עָנָן⁷ עַל־הָאָרֶץ
וְנִרְאֲתָה⁸ הַקֶּשֶׁת בֶּעָנָן:

ט"ו וְזָכַרְתִּי⁹ אֶת־בְּרִיתִי
אֲשֶׁר בֵּינִי וּבֵינֵיכֶם*
וּבֵין כָּל־נֶפֶשׁ חַיָּה בְּכָל־בָּשָׂר
וְלֹא־יִהְיֶה עוֹד הַמַּיִם לְמַבּוּל
לְשַׁחֵת כָּל־בָּשָׂר¹⁰:

ט"ז וְהָיְתָה¹¹ הַקֶּשֶׁת בֶּעָנָן
וּרְאִיתִיהָ¹²
לִזְכֹּר בְּרִית עוֹלָם
בֵּין אֱ-לֹהִים וּבֵין* כָּל־נֶפֶשׁ חַיָּה
בְּכָל־בָּשָׂר אֲשֶׁר עַל־הָאָרֶץ":

י"ז וַיֹּאמֶר אֱ-לֹהִים אֶל־נֹחַ
"זֹאת אוֹת־הַבְּרִית
אֲשֶׁר הֲקִמֹתִי¹³
בֵּינִי וּבֵין* כָּל־בָּשָׂר
אֲשֶׁר עַל־הָאָרֶץ":

בֵּין וּבֵין*-between

¹ אוֹת -sign

² הַבְּרִית -the covenant

³ אִתְּכֶם -with you

⁴ לְדֹרֹת עוֹלָם -for all generations (forever)

⁵ קַשְׁתִּי -my rainbow

⁶ עָנָן -cloud

⁷ בְּעַנְנִי עָנָן -when I bring clouds

⁸ וְנִרְאֲתָה -it will appear

⁹ וְזָכַרְתִּי -I will remember

¹⁰ כָּל־בָּשָׂר -all flesh (all living things)

¹¹ וְהָיְתָה -it will be

¹² וּרְאִיתִיהָ -and you will see it

¹³ הֲקִמֹתִי -established (I set in place)

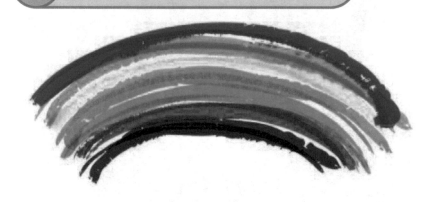

בְּרֵאשִׁית ט׳

ט״ו וְזָכַרְתִּי[9] אֶת־בְּרִיתִי
אֲשֶׁר בֵּינִי וּבֵינֵיכֶם*
וּבֵין כָּל־נֶפֶשׁ חַיָּה בְּכָל־בָּשָׂר
וְלֹא־יִהְיֶה עוֹד הַמַּיִם לְמַבּוּל
לְשַׁחֵת כָּל־בָּשָׂר[10]:

ט״ז וְהָיְתָה[11] הַקֶּשֶׁת בֶּעָנָן
וּרְאִיתִיהָ[12]
לִזְכֹּר בְּרִית עוֹלָם
בֵּין אֱ-לֹהִים וּבֵין* כָּל־נֶפֶשׁ חַיָּה
בְּכָל־בָּשָׂר אֲשֶׁר עַל־הָאָרֶץ:

י״ז וַיֹּאמֶר אֱ-לֹהִים אֶל־נֹחַ
"זֹאת אוֹת־הַבְּרִית
אֲשֶׁר הֲקִמֹתִי[13]
בֵּינִי וּבֵין* כָּל־בָּשָׂר
אֲשֶׁר עַל־הָאָרֶץ":

בֵּין וּבֵין*-between

[9]וְזָכַרְתִּי -I will remember

[10]כָּל־בָּשָׂר -all flesh (all living things)

[11]וְהָיְתָה -it will be

[12]וּרְאִיתִיהָ -and you will see it

[13]הֲקִמֹתִי -established (I set in place)

אוֹת־הַבְּרִית
Draw the sign of the covenant with markers or colored pencils on this page.

לִקְרֹא... לִמְצֹא... לְהַשְׁלִים...Reading, finding, completing...

בְּרֵאשִׁית ט' : י"ב-י"ז

On page 25:

1. Highlight the word בְּרִית and the words that have בְּרִית within them.

2. Read the פְּסוּקִים with a partner and emphasize the words with בְּרִית.

3. Draw a rectangle around the word בֵּין and all the words that have בֵּין within them.

4. The word בְּרִית is usually translated as "covenant". Look up the word "covenant" in a dictionary or on-line. In what ways is a בְּרִית/covenant different from or similar to an agreement or promise?

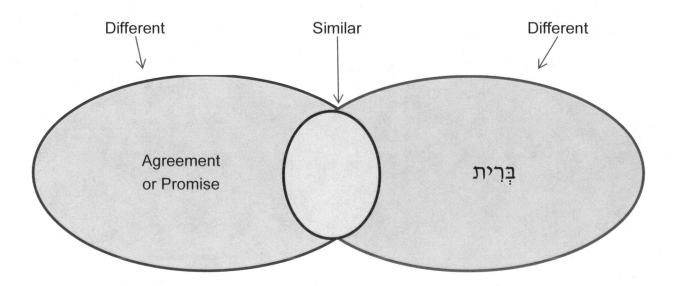

Different   Similar   Different

Agreement or Promise   בְּרִית

פָּרָשַׁת נֹחַ

The בְּרִית is between which characters? Write in the number of the פָּסוּק that uses the same words as the words on the left hand side of the page.

הַבְּרִית

בֵּין ה׳ וּבֵין כָּל־נֶפֶשׁ חַיָּה

פָּסוּק ___

Between God and all living things

בֵּין ה׳ וּבֵין כָּל־בָּשָׂר אֲשֶׁר עַל־הָאָרֶץ

פָּסוּק י"ז

Between God and all living things (flesh) on the earth

בֵּין ה׳ וּבֵין הָאָרֶץ

פָּסוּק ___

Between God and the earth

בֵּין ה׳ וּבֵין נֹחַ וּבָנָיו וּבֵין כָּל־נֶפֶשׁ חַיָּה

פְּסוּקִים ___ & ___

Between God and Noach and his sons, and between God and all living things

פֶּרֶק ט׳

י"ב וַיֹּאמֶר אֱ-לֹהִים
"זֹאת אוֹת¹ ־הַבְּרִית²
אֲשֶׁר־אֲנִי נֹתֵן בֵּינִי וּבֵינֵיכֶם*
וּבֵין כָּל־נֶפֶשׁ חַיָּה
אֲשֶׁר אִתְּכֶם³ לְדֹרֹת עוֹלָם⁴:

י"ג אֶת־קַשְׁתִּי⁵ נָתַתִּי בֶּעָנָן⁶
וְהָיְתָה לְאוֹת בְּרִית בֵּינִי וּבֵין* הָאָרֶץ:

י"ד וְהָיָה בְּעַנְנִי עָנָן⁷ עַל־הָאָרֶץ
וְנִרְאֲתָה⁸ הַקֶּשֶׁת בֶּעָנָן:

ט"ו וְזָכַרְתִּי⁹ אֶת־בְּרִיתִי
אֲשֶׁר בֵּינִי וּבֵינֵיכֶם*
וּבֵין כָּל־נֶפֶשׁ חַיָּה בְּכָל־בָּשָׂר
וְלֹא־יִהְיֶה עוֹד הַמַּיִם לְמַבּוּל
לְשַׁחֵת כָּל־בָּשָׂר¹⁰:

ט"ז וְהָיְתָה¹¹ הַקֶּשֶׁת בֶּעָנָן
וּרְאִיתִיהָ¹²
לִזְכֹּר בְּרִית עוֹלָם
בֵּין אֱ-לֹהִים וּבֵין* כָּל־נֶפֶשׁ חַיָּה
בְּכָל־בָּשָׂר אֲשֶׁר עַל־הָאָרֶץ":

י"ז וַיֹּאמֶר אֱ-לֹהִים אֶל־נֹחַ
"זֹאת אוֹת־הַבְּרִית
אֲשֶׁר הֲקִמֹתִי¹³
בֵּינִי וּבֵין* כָּל־בָּשָׂר
אֲשֶׁר עַל־הָאָרֶץ":

The footnotes next to the numbers are the same as on page 24. See page 24 for meanings.

1. Which words in פָּסוּק י"ב tell us that the בְּרִית is between God and:

נֹחַ
וְהַבָּנִים שֶׁל נֹחַ
וְהַבָּנִים שֶׁל הַבָּנִים שֶׁל נֹחַ
וְהַבָּנִים שֶׁל הַבָּנִים שֶׁל הַבָּנִים שֶׁל נֹחַ
וְהַבָּנִים שֶׁל הַבָּנִים שֶׁל הַבָּנִים שֶׁל הַבָּנִים שֶׁל נֹחַ
וְהַבָּנִים שֶׁל הַבָּנִים שֶׁל הַבָּנִים שֶׁל הַבָּנִים שֶׁל הַבָּנִים שֶׁל נֹחַ
וְהַבָּנִים שֶׁל הַבָּנִים שֶׁל הַבָּנִים שֶׁל הַבָּנִים שֶׁל הַבָּנִים שֶׁל הַבָּנִים שֶׁל נֹחַ.....?

Please write the words here: ____

2. In the chart below, about whom are the words in bold print written? Mark the correct column with an "X":

	נֹחַ	ה'
וַיֹּאמֶר		X
אוֹת־**הַבְּרִית** אֲשֶׁר־**אֲנִי נֹתֵן**		
אֶת־**קַשְׁתִּי נָתַתִּי** בֶּעָנָן		
בְּעַנְנִי עָנָן עַל־הָאָרֶץ		
וּרְאִיתִיהָ לִזְכֹּר בְּרִית	X	

Thinking and Understanding... לַחְשֹׁב... לְהָבִין

Write a בְּרִית in your own words. It can be the same בְּרִית we have been learning about, or a new בְּרִית of your own creation. Be sure to include all of the people involved and the obligations and/or responsibilities of each person or group of people:

The Rainbow Blessing

ברכת הקשת והברית

בָּרוּךְ אַתָּה ה' אֱ-לֹהֵינוּ מֶלֶךְ הָעוֹלָם
זוֹכֵר הַבְּרִית וְנֶאֱמָן בִּבְרִיתוֹ[1] וְקַיָּם בְּמַאֲמָרוֹ[2].

1. וְנֶאֱמָן בִּבְרִיתוֹ- Is faithful to the covenant
2. וְקַיָּם בְּמַאֲמָרוֹ- and keeps the promise

פָּרָשַׁת נֹחַ

The Rainbow has inspired many songs, videos, and works of art. Look at or listen to at least one of the following and share your thoughts. What parts of the song or picture is based upon the text you have studied, and what parts reflect the artist's interpretation?

1. http://www.talivirtualmidrash.org.il/ArtEng.aspx?art=861
2. http://www.talivirtualmidrash.org.il/ArtEng.aspx?art=810
3. https://www.youtube.com/watch?v=Bw_XdHboBMI

Note: Occasionally links become outdated. If these do not work for you, ask your teacher to do a new search for rainbow related poems, songs, and works of art!

I looked at or listened to:

_____

_____

_____

This part was based on the Torah:

_____

_____

This part was the artist's interpretation:

_____

_____

This is what I think about the artist's interpretation:

_____

_____

If I could ask the artist one question, it would be:

_____

_____

_____

Now that you know the בְּרָכָה and the meaning of the rainbow as a sign of the בְּרִית, here are some ideas for you to think about or projects to do:

1. In your opinion, did ה' choose a good sign? Why or why not?

2. Up until now, what did you do or think when you saw a rainbow?
   Will you do anything differently now that you have studied this part of the Torah?
   Why or why not?

...זוֹכֵר הַבְּרִית, וְנֶאֱמָן
בִּבְרִיתוֹ וְקַיָּם בְּמַאֲמָרוֹ

3. Express your ideas about the rainbow, the בְּרִית, the בְּרָכָה, and/or God and Noach by creating a song, poem, story, drawing, painting, skit, etc. Be sure to note what is factual and based on Torah text, and what is your personal interpretation or opinion.

4. From studying the story of Noach--What have you added to your understanding about God, or about how God wants human beings to behave?

חזק חזק ונתחזק!